BEI GRIN MACHT SICH IHR WISSEN BEZAHLT

- Wir veröffentlichen Ihre Hausarbeit,
  Bachelor- und Masterarbeit

- Ihr eigenes eBook und Buch -
  weltweit in allen wichtigen Shops

- Verdienen Sie an jedem Verkauf

Jetzt bei www.GRIN.com hochladen und kostenlos publizieren

Constanze Hahn

Der ethologische Ansatz in der Entwicklungspsychologie

GRIN Verlag

Bibliografische Information der Deutschen Nationalbibliothek:

Die Deutsche Bibliothek verzeichnet diese Publikation in der Deutschen National-
bibliografie; detaillierte bibliografische Daten sind im Internet über http://dnb.d-
nb.de/ abrufbar.

Impressum:

Copyright © 2000 GRIN Verlag, Open Publishing GmbH
Druck und Bindung: Books on Demand GmbH, Norderstedt Germany
ISBN: 978-3-640-80768-0

Dieses Buch bei GRIN:

http://www.grin.com/de/e-book/165164/der-ethologische-ansatz-in-der-entwick-
lungspsychologie

Ausarbeitung zum Referat

Thema:

Der ethologische Ansatz in der Entwicklungspsychologie

Inhalt

1   DEFINITION UND ENTSTEHUNG 3

2   ÜBERBLICK ZUR THEORIE 3

3   POSITION ZU GRUNDLEGENDEN FRAGEN DER ENTWICKLUNG 7

4   METHATHEORETISCHE KLASSIFIKATION 8

5   KRITIK AN DER THEORIE.. 9

6   AUSBLICK ZUR BEDEUTUNG DER SOZIOBIOLOGIE... 10

7   QUELLENVERZEICHNIS:.. 12

1 Definition und Entstehung

Als ein Teilgebiet der Biologie stellt die Ethologie oder Vergleichende Verhaltensforschung den Menschen und sein Verhalten in den universellen Kontext aller tierischen Lebewesen. Sie betrachtet "das Verhalten von Tier und Mensch im Hinblick auf seine biologischen Grundlagen, insbesondere hinsichtlich seiner Evolutionsgeschichte" (Trautner, H. 1991, S. 43).

Bereits im achtzehnten Jahrhundert beschäftigten sich einige deutsche Zoologen (zum Beispiel von Pernau oder Reidmarus) mit angeborenem Instinktverhalten bei Tieren. Den entscheidenden theoretischen Durchbruch bewirkte Darwin's Evolutionstheorie. Die im Evolutionsprozess erkannten Gesetzmäßigkeiten für die Selektion von physischen Merkmalen, nämlich die natürliche Auslese nach dem Prinzip des Überlebensvorteils, wurde auf die Auswahl und Weitergabe von Verhaltensmerkmalen übertragen. Im großen Maße vorangetrieben durch die Untersuchungen der Zoologen und Nobelpreisträger Konrad Lorenz und Niko Tinbergen entwickelte sich die Ethologie in den dreißiger Jahren des zwanzigsten Jahrhunderts zu einer eigenständigen Disziplin. Die Verhaltensforscher sahen das Tier als aktiven Organismus in einer spezifischen ökologischen Nische, nicht nur - wie die traditionelle Lerntheorie - als einen von Reizen angetriebenen passiven Organismus. In den fünfziger Jahren schuf vorwiegend Irenäus Eibl-Eibesfeldt die Verbindung zwischen Ethologie und Psychologie im Sinne einer Humanethologie. Größere Beachtung erlangten die Untersuchungen über Mutter - Kind - Bindung und - Trennung bei Kleinkindern (Bowlby, fortgeführt von Ainsworth), die Erforschung des Ausdrucks von Emotionen durch Gesichtsausdruck bei Kindern und Erwachsenen (Eibl-Eibesfeldt), soziale Interaktionen zwischen Gleichaltrigen (Blurton-Jones, u.a.) und über das Problemlöseverhalten bei Kindern (Charlesworth). In der neueren Forschung spielt das unmittelbare Verhalten eine zentrale Rolle, nicht mehr vordergründig der evolutionäre Aspekt.

2 Überblick zur Theorie

Die Ethologie lässt sich anhand von vier Konzepten charakterisieren.

A) Angeborenes Verhalten "ist, ähnlich wie die Organe des Körpers, innerhalb derselben Art im wesentlichen gleich, es wird vererbt und dient der Anpassung" (Lorenz 1937, zitiert in Miller, P. 1991, S. 275). Laut Cairns (1979, zitiert in Miller, P.

1991, S. 276) müssen folgende Voraussetzungen erfüllt sein, damit Verhalten als angeboren gilt:

1. Das Verhalten tritt bei allen Individuen einer Art als Stereotyp auf (unveränderliche Handlungssequenz).
2. Das Verhalten tritt auf, selbst wenn keine relevante Erfahrung vorausgegangen ist, die ein Lernen ermöglicht.
3. Das Verhalten tritt universell (bei allen Mitgliedern) innerhalb einer Art auf.
4. Das Verhalten wird durch Lernen und Erfahrung nicht wesentlich beeinflusst.

Manche Singvögel zum Beispiel, die isoliert aufgezogen wurden, beherrschen dennoch die Melodie ihrer Artgenossen mit erstaunlicher Genauigkeit. Im Allgemeinen werden zwei angeborene Verhaltenstypen unterschieden. Reflexe, wie der Greifreflex oder Schwimm- Krabbel- und Gehbewegungen bei Kleinkindern sind einfache Reaktionen auf Reize. Verhaltensmuster werden hingegen als automatische Antwort auf einen Signalreiz hervorgerufen. Sie sind auch genetisch programmiert, aber die koordinierten, motorischen Handlungen sind komplexer. Zum Beispiel löst die rote Bauchseite eines männlichen Stichlings Aggressionsverhalten bei seinen Artgenossen aus. Signalreize und damit das dazugehörige Verhaltensmuster können durch Überdimensionalität verstärkt werden, eine Möglichkeit, die sich Angler mit ihren Ködern zunutze machen. Eine weitere Komponente stellt die handlungsspezifische Energie dar, welche instinktive Handlungsbereitschaft im Zentralnervensystem erzeugt. Wenn diese zu sehr ansteigt, können Verhaltensmuster auch ohne Signalreiz ausgelöst werden. Tiere, die in Gefangenschaft gehalten werden, zeigen oft dieses Phänomen, Doch Säuglinge führen ebenfalls Saugbewegungen aus, selbst wenn ihnen die Flasche nicht mehr dargeboten wird.

B) Die Entwicklung beziehungsweise die Angepasstheit und der Überlebensvorteil des Verhaltens ist vor dem Hintergrund der evolutionären Entwicklungsgeschichte (Phylogenese) zu verstehen. So kann der Mensch in seiner Individualentwicklung als die Lösung spezifischer Probleme in einer spezifischen Umwelt, die durch Feinde, Nahrungsangebot und Fortpflanzungsbedingungen etc. gekennzeichnet ist, begriffen werden. Die Ontogenese folgt einem Muster, das sich durchgesetzt hat, weil es der Arterhaltung dient. Der Gebrauch von Werkzeugen, das Vorhandensein von Reflexen oder die interindividuelle Kommunikation boten beispielsweise der Art

Mensch entscheidende Vorteile im sogenannten "Kampf uns Dasein". Verhalten kann also als Umweltanpassung bewertet werden.

C) Lerndispositionen oder die Prädisponiertheit von Lernprozessen zeigen sehr deutlich, das Wechselspiel zwischen genetischer Ausstattung eines Individuums und dem Prozess des Lernens, um sich in der Umwelt zurechtzufinden. Laut Wilson (1975) ist das Gehirn mit "einem belichteten Film, der noch ins Entwicklerbad gelegt werden muss," vergleichbar.(zitiert in Miller, P. 1993, S. 280). Die Arten unterscheiden sich darin, welches Verhalten modifizierbar ist, welche Formen des Lernens leichtfallen und welche Lernmechanismen zur Verfügung stehen. Der Mensch zeichnet sich zum Beispiel durch die Fähigkeit aus, eine artikulierte Lautsprache zu erwerben oder eigenes und fremdes Verhalten nach moralischen Prinzipien zu bewerten. Es bleibt ihm jedoch verwehrt, aus eigner Kraft fliegen zu lernen Diese Form des Lernens ist auch durch eine zeitliche Begrenzung, den lernsensiblen Phasen und allgemeinen oder spezifischen Lernfähigkeiten gekennzeichnet. Während einer lernsensiblen oder kritischen Phase ist das Individuum für bestimmte Lernerfahrungen besonders aufnahmefähig. Eine spezielle Form ist die Prägung, die zwar auch mit Lernen verbunden, jedoch nicht mit dem operanten Konditionieren zu verwechseln ist, denn weder ein Verstärker ist notwendig, noch ist Prägung auslöschbar, sondern sie wird bei Bestrafung eher vertieft. Die Überlebenschancen der Jungtiere werden erhöht, weil diese, auf die Mutter fixiert, ständig in ihrer Nähe bleiben und von Gefahren ferngehalten werden. Der jeweilige Reiz folgt bestimmten Kriterien, die von Art zu Art variieren können. Über allgemeine und spezifische Lernfähigkeiten wird Verhalten biologisch auch indirekt gesteuert. Zur genetischen Grundausstattung insbesondere des Menschen gehört eine breit anwendbare allgemeine Fähigkeit, aus Erfahrungen zu lernen. Lorenz (1976) beschreibt den Menschen deshalb als "Spezialist im Nicht-Spezialisieren" (Trautner, H. 1991, S. 46).

D) Die ethologische Methodologie stellt naturnahe Beobachtungen in den Mittelpunkt der Untersuchungen, vornehmlich, um zu untersuchen, welchen Anpassungswert Verhaltensweisen im natürlichen Lebensraum haben. Nur so ist es möglich, ein Lebewesen im evolutionären Kontext zu begreifen. Der lange Hals der Giraffe erscheint sinnvoll, wenn man die Höhe der Bäume berücksichtigt, die ihnen als Nahrungsquelle dienen. Die Beobachtungsmethode beinhaltet im Idealfall vier Schritte:

1. Ein Ethogramm wird erstellt, in dem ausführlich und detailliert das Verhalten einer Art in ihrer natürlichen Umgebung beschrieben wird. Dabei müssen also die Verhaltensweisen eines Tieres, die Merkmale seines Lebensraumes, unmittelbar vorausgehende und folgende Umstände des Verhaltens, die Häufigkeit des Auftretens einer Verhaltens, der Reizkontext und die Funktion einzelner Verhaltensweisen in der ontogenetischen Entwicklung beachtet werden.

2. Zur Klassifikation von Verhaltensweisen werden übergeordnete Kategorien gebildet, die nach der Funktion im Hinblick auf die Umweltanpassung eingeteilt sind (zum Beispiel Brutpflege, Paarungsverhalten, Revierverteidigung)

3. Aussehen und Funktion des beobachteten Verhaltens verschiedener Tierarten werden verglichen, Interessant sind hierbei ähnliche Verhaltensweisen, die entweder auf gemeinsame Ursprünge in der Evolution hindeuten können (Homologie) oder aber sich unabhängig voneinander entwickelt haben (Analogie).

4. Schließlich werden mittels Laborexperimenten die unmittelbar verhaltenssteuernden Faktoren analysiert. In dieser Hinsicht verfährt die ethologische Forschung entgegengesetzt zur Psychologie, die erst Laborforschung betreibt, um die Ergebnisse dann in der Realität umzusetzen.

Häufige Anwendung finden insbesondere Filme und Videoaufnahmen, die zum einen das mehrmalige Beobachten ein und desselben Verhaltens ermöglichen (Objektivität), zum anderen mit Hilfe von Zeitlupe- und Zeitraffereffekten Einzelheiten offenbaren, die dem menschlichen Auge verborgen bleiben würden.

Die in Beobachtungsstudien festgestellten Ursachen von Verhalten lassen sich in sorgfältig kontrollierten Experimenten, also mit Hilfe von Laborstudien, abklären. Bedeutend ist vor allem das klassische Deprivationsexperiment, wobei dem Tier Erfahrungen vorenthalten werden, die für das fragliche Verhalten relevant sein könnten. Somit lässt sich feststellen, ob ein Verhalten angeboren oder erworben ist.

3   Position zu grundlegenden Fragen der Entwicklung

A) Die menschliche Natur: Der biologische Organismus Mensch hat sich im Laufe der Evolution innerhalb einer spezifischen Nische in seiner Umwelt entwickelt. Intelligenz, Sprache, soziale Bindung, vielleicht auch Aggression und Altruismus sind Teil der menschlichen Natur, weil diese Artmerkmale im Kampf ums Dasein einen bestimmten Zweck erfüllen oder erfüllt haben. Verfügbare, biologisch bedingte Verhaltensweisen definieren daher im wesentlichen den Entwicklungsstand beispielsweise eines Kindes. Der Begriff einer Kontexttheorie wäre insofern gerechtfertigt, als dass sie die Verknüpfung zwischen der Evolutionsgeschichte in der Vergangenheit und heute, dazu vor allem die physische und soziale Umwelt in den Mittelpunkt stellt, an die sich der Organismus anpassen muss. Wie Wilson (1976) schon sagte, ist die menschliche Natur "nur ein Kuddelmuddel unter vielen anderen" (zitiert in Miller, P. 1993, S. 301)

B) Qualitative versus quantitative Entwicklung: Sowohl qualitative als auch quantitative Veränderungen finden im ethologischen Ansatz ihre Berücksichtigung. Eine qualitative Veränderung vollzieht sich, wenn die biologische Reifung den Punkt erreicht, an dem ein Signalreiz ein neues Verhaltensmuster auslöst, das zuvor noch nicht aufgetreten ist, oder wenn Verhaltensweisen im Verlaufe der Entwicklung unterschiedlich ausgedrückt werden. Zum Beispiel wird Bindungsverhalten zunächst durch Weinen oder Lächeln, später durch Hinkrabbeln zur Mutter oder durch das Sprechen mit ihr geäußert. Die zugrunde liegende Bindung verändert sich zusätzlich hin zu einer höheren Organisation, Stabilität und Effizienz. Eine solche Veränderung ist insofern quantitativ, "als das Zusammenspiel von angeborenen und erworbenen Komponenten mit der Entwicklung glatter und effizienter wird" (Miller, P. 1993, S. 302).

C) Vererbung versus Umwelt: Genotypus und Umwelt erzeugen gemeinsam Veränderungen über die gesamte Entwicklung hinweg. Dieses Zusammenwirken resultiert unter anderem darin, dass sich spezifische Erfahrungen während der dafür sensiblen Phasen stärker auswirken als zu einem beliebig anderen Zeitpunkt. Während Lorenz ursprünglich von einer Trieb-Dressur-Verschränkung, einer Verkettung von angeborenen und erworbenen Verhaltenseinheiten, ausging, entsteht in neuerer Zeit die Auffassung, dass die gemeinsamen Einflüsse von Vererbung und Umwelt sich ständig vermischen.

D) Was entwickelt sich? Vorrangig werden artspezifische Verhaltensweisen entwickelt, die der Arterhaltung dienen. Dazu gehören unter anderem soziale Bindung, Dominanz - Unterwerfung, Nahrungsaufnahme, Paarung und Brutpflege. Lorenz spricht von Trieben und Instinkten, Bowlby von Verhaltensmuster und Systemen, die sich außerdem entwickeln. Die Theorie will die Ähnlichkeiten zwischen den jeweils erworbenen Verhaltensweisen und deren Entwicklung bei allen Menschen beziehungsweise bei Mensch und Tier erklären, wobei individuelle Unterschiede weniger Beachtung finden.

4 Methatheoretische Klassifikation

Die klassische Verhaltensforschung bezieht sich auf das Reflexmodell von Lorenz und auf das hydraulische Modell von Dewsbury. (1978) Beim Reflexmodell handelt es sich um ein mechanistisches Reiz-Reaktions-Modell, das auf frühere Vorstellungen über die Funktionsweise des Nervensystems beruht. Ein Signalreiz löst automatisch einen Reflex oder ein Verhaltensmuster aus. Das hydraulische Modell mit seinem Triebbegriff wird auch von der Freudschen Theorie und der Lerntheorie herangezogen. Aufgebaute Energie muss wie in physikalischen Systemen irgendwie freigesetzt werden. Laut Lorenz kann ein Signalreiz dieses Ventil öffnen und damit die Triebenergie freisetzen. Bei zu großem Druck tritt das jeweilige Verhalten auch ohne einen entsprechenden Signalreiz auf (siehe auch I.) Bowlby übernahm ein zielorientiertes Regelungssystem, welches das Feedback nutzt, um ein System so zu regeln, dass ein bestimmter Zustand erreicht wird. Dies lässt sich anhand eines Thermostats vergleichen, der eine bestimmte Raumtemperatur aufrecht erhält (Ziel), indem er die tatsächliche Temperatur (Feedback) mit der gewünschten Temperatur vergleicht. Bowlby sieht genetische Aktivitäten als Ursache für die Entwicklung von Verhaltenssystemen, wobei das System flexibel genug bleibt, um sich an Veränderungen der Umwelt innerhalb eines vorgegebenen Toleranzbereichs anzupassen. Kinder haben zum Beispiel ein adäquates Maß an Nähe zum Erwachsen als Ziel. Entfernt dieser sich zu weit (Feedback), korrigieren sie mit Weinen oder Hinkrabbeln diesen Zustand und schaffen somit ein neues Gleichgewicht in diesem System.

Das Modell von Waddington (1957) einer epigenetischen Landschaft stellt die Entwicklung als einen bergab rollenden Ball dar. Seitwärts gerichtete Bewegungen des Balles werden immer mehr durch die Taleinschnitte begrenzt. Später lassen sich nur noch leichte Abweichungen vom Weg durch eine sogenannte "Tendenz zur Selbstkorrektur" wieder ausgleichen. Zum Beispiel ist ein Neugeborenes in der Lage, jede beliebige Sprache perfekt zu erlernen. Doch bereits in den ersten Lebensjahren wird das Kind auf die jeweilige Muttersprache fixiert, und mit zunehmenden Alter fällt es ihm schwerer, eine andere Sprache akzentfrei zu sprechen. Zwar ist demnach eine allgemeine Entwicklungsrichtung vorgegeben, aber aufgrund spezifischer Umweltphänomene ergibt sich eine gewisse Variation.

Die Ethologie forscht auf vielen Ebenen nach den Ursachen der Entwicklung. So lassen sich induktive (Ausarbeitung eines Ethogramms), deduktive (Anwendung der Evolutionstheorie) und funktionalistische (psychologische und biologische Forschungsarbeiten zur Formulierung, Überprüfung und Modifikation von Hypothesen) Formen der Theorienbildung feststellen.

5   Kritik an der Theorie

Der ethologische Ansatz weist im Kontext der Entwicklungspsychologie sowohl Stärken als auch Schwächen in theoretischer, methodischer und inhaltlicher Hinsicht auf.

A) Theoriebildung: Gegenüber anderen Entwicklungstheorien erklärt eine ethologische Theorie menschliches Verhalten und seine Entstehung nicht nur in Abhängigkeit von den unmittelbar gegebenen Bedingungen und der individuellen Lerngeschichte, sondern verdeutlicht auch dessen phylogenetische Grundlagen. Die phylogenetische Betrachtungsweise stellt die Verhaltenssequenzen in den weiteren Zusammenhang des entwicklungsgeschichtlichen Überlebensvorteils und kann so zum Beispiel das typischerweise auftretende Bindungs- und Pflegeverhalten der Mutter-Kind-Dyade verständlich machen. Verhalten kann also in einem weiter gefassten sozialen und räumlichen Kontext betrachtet und auf unterschiedlichen Analyseebenen untersucht werden. Weiterhin berücksichtigt die Ethologie menschliche Entwicklung in der gesamten Lebensspanne. Jedoch bleiben die Untersuchungen eher deskriptiv als erklärend; das heisst, Erklärungsdefizite entstehen besonders bei den unmittelbaren und ontogenetischen Ursachen. Da empirische Belege für phylogenetische Ursachen fehlen, basiert die Theorie in dieser Hinsicht auf Spekulationen.

B) Methodologie: Die Ethologie stellt theoretisch fundierte Beobachtungsmethoden zur Verfügung, welche die rein empirische Beschreibung von Verhaltensabläufen ergänzen. Sie hebt wichtige Verhaltensweisen hervor, klassifiziert diese und beachtet dabei unmittelbare, umweltspezifische Ereignisse. Dabei ermöglicht sie den Vergleich zwischen verschiedenen Spezies, Kulturen und Lebensaltern, wobei soziale Einflussfaktoren als dynamische, und nicht als statische und außerhalb des sozialen Kontext stehende Einflüsse behandelt werden (ökologische Validität). Ethische Gründe begrenzen jedoch die Anwendung ethologischer Methoden, vor allem Deprivationsexperimente, beim Menschen. Selbst das einfache Beobachten bedeutet einen Eingriff in die Privatsphäre. Außerdem ist die soziale Umwelt des Menschen zu komplex, um sie manipulieren zu können. Auch verhalten sich Menschen in Anwesenheit eines Beobachters anders als gewöhnlich. Detaillierte Verhaltensbeschreibungen, deren Deutung manchmal uneindeutig sein kann (Reliabilität) erfordern hohen zeitlichen und finanziellen Aufwand. Weitere Probleme ergeben sich beim Festlegen adäquater Analyseebenen, denn relevantes Verhalten muss erst einmal bestimmt, spezifische Verhaltensweisen zur Beschreibung ausgewählt und eventuell verschiedene Ursachen für dieses Verhalten in Betracht gezogen werden. Nicht immer lassen sich Funktionen aus den Beobachtungen im natürlichen Kontext ableiten, sondern können erst später festgestellt und bewertet werden.

C) Inhaltliche Beiträge: Inhaltlich hat sich dieser Ansatz für die Entwicklungspsycholgie vor allem bei den Untersuchungen der sozialen Bindung, des Ausdrucks von Emotionen, der sozialen Interaktion in Gruppen und des Problemlösens als gewinnbringend erwiesen. Sicherlich bietet sich ein großes Potential für weitere Untersuchungen, zum Beispiel der Verknüpfung zwischen Stress in der Kindheit und dem Zeitpunkt des Pupertätsbeginns. Jedoch spiegeln sich viele psychologisch interessante Phänomen nicht konsistent im spontanen Verhalten wider, was die Forschung auf manifestes Verhalten beschränkt. Außerdem werden individuelle Unterschiede vernachlässigt. Menschliches Verhalten ist zum grössten Teil vermitteltes Verhalten. Daher sind Tiere als Orientierung weniger geeignet, die Komplexität menschlicher Handlungen vollständig erklären zu können.

6 Ausblick zur Bedeutung der Soziobiologie

Außer der Ethologie beschäftigt sich noch die Soziobiologie, eine weitere Teildisziplin der Biologie mit den evolutionären Grundlagen des Verhaltens. Lange hat sie sich weniger mit der Entwicklung des Menschen über die Ontogenese beschäftigt als mit dem Nachweis, wie soziales Verhalten den Zweck erfüllt, die Gene des Individuums weiter zu verbreiten. Heute wird der Begriff nahezu synonym zur Ethologie verwendet. Laut Definition von Wilson, einer der wichtigsten Vertreter, ist die Soziobiolgoie "die Untersuchung der biologischen Grundlagen allen sozialen Verhaltens" (zitiert in Miller, P. 1993, S. 274). Sie befasst sich vor allem mit der jeweiligen Entwicklungsstufe und den sozialen Strukturen einer Art. Beim Menschen gehören dazu Gewohnheiten, Rituale, Bildungs- und Rechtssystem etc. Sie untersucht, die Auswirkungen individuellen Verhaltens auf die Überlebenschancen des Individuums, seiner Familie oder seines Stammes. Miller bezeichnet die Soziobiologie als "Hybrid aus Verhaltensforschung, Ökologie, Genetik und Populationsbiologie" (Miller, P. 1993, S. 274).

Zwei Zitate sollen diese Thematik abschließen, die das Spannungsverhältnis, in dem sich der ethologische Ansatz bewegt verdeutlichen und zukunftsweisend sein sollen. Rousseau sagte einmal: "Man muss Menschen, wenn man sie untersuchen will, ganz aus der Nähe betrachten, doch der Mensch lässt sich nur aus der Distanz untersuchen" (zitiert in Miller, P. 1993 S. 272). Gottlieb (1979) greift eine weitere Ebene auf, indem er sagt: " Wenn wir verstehen wollen, wie evolutionäre und ökologische Parameter in Individuen und Gruppen entstehen, setzt dies unabdingbar voraus, dass wir sie in der Perspektive der Entwicklung untersuchen. Die Lücke zwischen Molekularbiologie und natürlicher Selektion wird durch eine entwicklungsspezifische Analyse des Nervensystems, des Verhaltens und der Psychologie überbrückt werden." (zitiert in Miller, P. 1993, S. 275)

7 Quellenverzeichnis:

Miller, P. (1993). Theorien der Entwicklungspsychologie. Heidelberg:
Spektrum, Akad. Verlag.

Smith, P. & Cowie, H. (1991). Understanding Children's Development, second.
edition. Cambridge, Massachusetts, USA.

Trautner, H. (1991). Lehrbuch der Etnwicklungspsychologie, Bd. 2. Göttingen:
Hogrefe Verlag für Psychologie.

Bayrhuber, H. und Kull, U. (1989) Linder Biologie. Hannover: Schroedel
Schulbuchverlag.